Mit Bonni
bei den Tieren

Bonni läuft fröhlich durch den Wald. Ab und zu pflückt er sich ein Blättchen vom Baum. Plötzlich bleibt er stehen. „He, was liegt denn da auf dem Boden? Das ist ein Ball", denkt er, „den nehme ich mit zu meinen Freunden. Einen Fußball können wir gut gebrauchen." Rasch tritt Bonni auf den Ball zu.

„Au"! ruft er so laut er kann.
„Das ist gar kein Ball! Das scheint ein Nadelkissen zu sein."
Bonni pustet sachte mit dem Rüssel auf seinen Fuß. Den komischen Ball muß er sich mal genauer anschauen. Doch in diesem Augenblick geschieht etwas Erstaunliches: Die Stacheln des Balls legen sich flach, und es erscheint ein Köpfchen mit freundlichen Augen. Bonni tritt einen Schritt zurück.

„Du brauchst nicht zu erschrecken. Ich bin's doch, Swin, der Igel", sagt der Ball mit einer lieben Stimme, „und wer bist du?"
„Ich bin Bonni, der Elefant. Woher hast du denn die Stacheln? Bist du auf ein Nadelkissen gefallen?"
„Ach was", antwortet Swin, „die Stacheln habe ich immer. Ich richte sie auf, wenn mir Gefahr droht. Will mir einer was tun, sticht er sich, und dann läßt er mich in Ruhe – genau wie du."

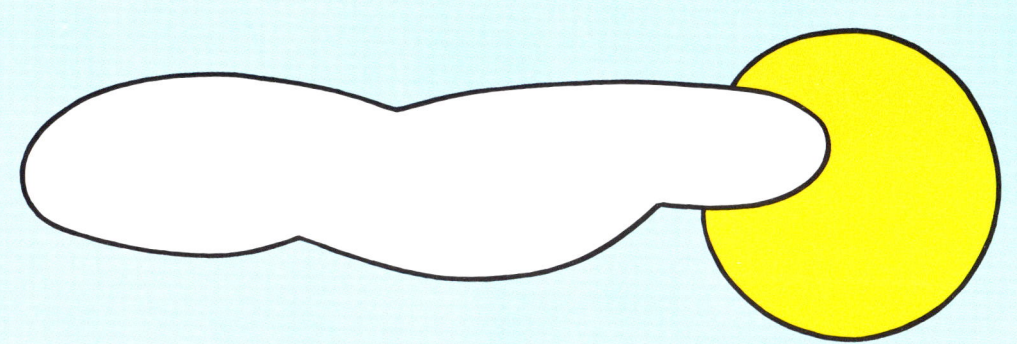

„Ach so, jetzt verstehe ich", sagt Bonni erleichtert. „Als ich auf dich zustapfte, dachtest du, ich wollte dir was Böses antun. Darum hast du die Stacheln aufgerichtet. Das war aber schlau von dir."
„Ja, wer nicht groß ist, muß schlau sein".
„Ich werde mir das merken", sagt Bonni, „wenn ich das nächste Mal einen komischen Ball liegen sehe, werde ich nicht darauf zulaufen, sondern freundlich guten Tag sagen. Denn nun weiß ich ja, daß du es bist."

Bonni und die Nachtigall

Bonni sitzt unter einem Baum. Er ist betrübt und weiß selber nicht warum. Vielleicht, weil die Sonne heute nicht scheint?
Hallo, was ist denn das? So eine schöne Musik hat er ja noch nie gehört.

Verwundert steht er auf und schaut
sich um. Jetzt ist es ganz still im
Wald – aber da hört Bonni es wieder.
Die Töne kommen aus einem Strauch.
Vorsichtig geht Bonni dorthin.
Da sieht er ein braunes Vögelchen,
und das singt so schön.
Als das kleine Tier gerade mal still
ist, fragt Bonni leise: „Du – ich bin
Bonni, der Elefant. Du singst aber
schön. Wer bist du?"

„Ich bin die Nachtigall. Ich freue mich, daß du mein Lied so schön findest."
„Kannst du mir beibringen, so zu singen?" fragt Bonni.
„Das weiß ich nicht. Sing mal ein Lied!"
Bonni holt tief Luft, und dann trompetet er so laut er kann! „Auf einem großen Pil-ze, rot mit weißen Pünkt-chen . . ."
„Halt, halt!" ruft die Nachtigall erschrocken, „ich finde dich zwar sehr nett, aber ich glaube, daß dein Rüssel sich nicht zum Singen eignet. Es klingt nicht schön."

„Wie schade", sagt Bonni und seufzt.
„Das macht nichts", tröstet die Nachtigall, „ich kann mit meinen Liedern jeden erfreuen, und du kannst warnen, wenn Gefahr droht. So hat jeder seine Aufgabe."
„Ja, das stimmt", antwortet Bonni erleichtert, „würdest du mir noch ein Lied singen?"
„Ja, gerne", sagt die Nachtigall, und sie flötet das schönste Lied, das sie kennt.

Bonni auf der Suche nach dem Regenbogen

„Oh, guckt mal her!" ruft Bonni „Ich seh' einen Regenbogen!" Taktak, der Specht, fliegt weg. Aber Wippschwanz, das Kaninchen, Hops, das Eichhörnchen, und Schlau, der Fuchs, kommen aus ihren Löchern und laufen zu Bonni. Piep, die Maus, trippelt hinterher. „Der Regenbogen sieht aus wie eine Brücke. Ich wünschte, ich könnte darüberlaufen", sagt Bonni und seufzt, „von da oben müßte man die ganze Welt sehen."

„Laß es uns doch mal probieren", schlägt Hops vor.
„Ja, ja!" rufen die anderen Tiere, und sie marschieren alle zusammen los. Nach einer Weile bleibt Piep stehen.
„Ich kann nicht mehr", sagt das Mäuschen, „ich bin müde. Wir sind nun schon so lange gelaufen und noch immer nicht bei dem Regenbogen."
„Komm, klettre auf meinen Rücken", sagt Bonni, „und ihr anderen auch. Es ist ja noch ein ganzes Stück zu laufen."

Bald darauf, als auch Bonni sehr müde wird, treffen sie Professor Eule. Er ist sehr klug und weiß auf alle Fragen eine Antwort. Deshalb wird er Professor genannt.
„Herr Professor Eule, wir haben eine Frage: Wie weit ist es bis zum Regenbogen?"
„Zum Regenbogen?" fragt Professor Eule verwundert. „Da könnt ihr nicht hin. Der Regenbogen ist kein richtiger Bogen. Er besteht aus vielen, vielen Regentröpfchen. Nur die Sonne gibt ihnen die schönen Farben."

„Das wußten wir nicht. Na ja, dann gehen wir eben wieder nach Hause. Vielen Dank, Herr Professor – bis zum nächsten Mal!" sagt Bonni, und ein bißchen enttäuscht dreht er sich um. In der Nacht träumt Bonni, er liefe mit seinen Freunden über den Regenbogen und könne die ganze Welt sehen.

Plantscherei mit Bonni

In der Nacht hat es geregnet, und der Wald ist naß. Zwischen den Bäumen stehen große Pfützen. Wie kleine Teiche sehen sie aus.
Bonni und seine Freunde werden wach.
„Prima", ruft Piep, die Maus, „in den Pfützen können wir uns waschen."
Diese Idee finden die Freunde gut.

Sie spritzten sich gegenseitig naß. Wippschwanz, das Kaninchen, Hops, das Eichhörnchen, und Schlau, der Fuchs, versuchen, Bonni naß zu spritzen. Aber Bonni kann es viel besser. Er braucht nur mal mit dem Fuß in die Pfütze zu stampfen, und schon spritzt es weit herum.
„Ich hab' eine Idee!", ruft Hops. „Wenn Bonni uns mit seinem Rüssel bespritzt, stehen wir alle unter der Dusche."